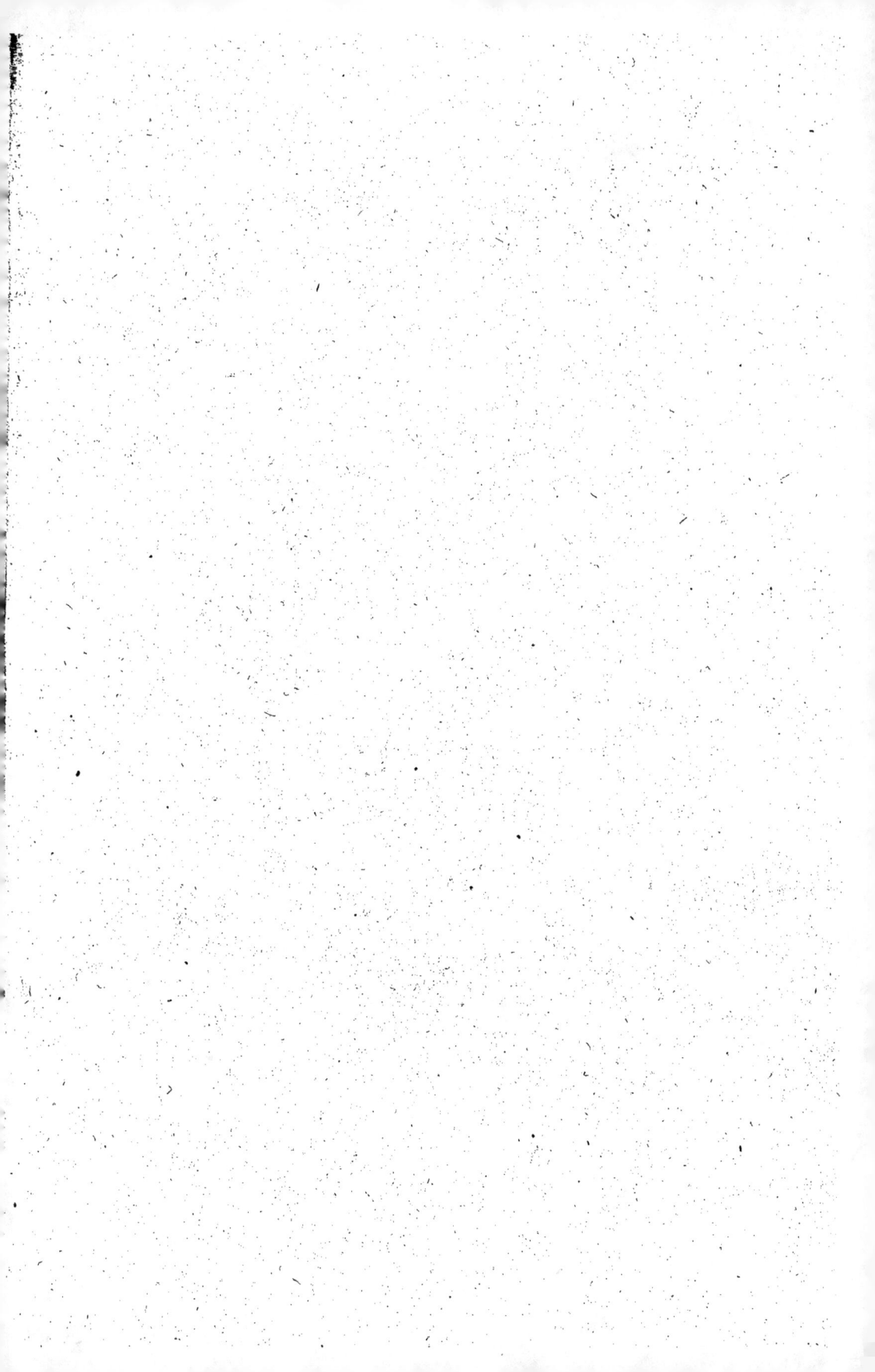

SUITE
ET
ARRANGEMENT
DES
VOLUMES
D'ESTAMPES,
DONT
LES PLANCHES
SONT A LA BIBLIOTHEQUE
DU ROY.

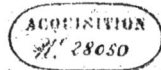

A PARIS,
DE L'IMPRIMERIE ROYALE.
M. DCC XXVII.

TABLEAUX
DU ROY,

*Repreſentant ſept ſujets de l'Ancien Teſtament,
vingt-deux du Nouveau, cinq de la Fable, un
de l'Hiſtoire Profane, & trois allégoriques.*

SUJETS.

SAINT MICHEL, de Raphaël d'Urbin, *grav. par Gilles
Rouſſelet.*
Le Déluge, d'Alex. Veronéſe, *grav. par Edelinck.*
Rebecca, du Pouſſin, *grav. par Gilles Rouſſelet.*
Moyſe ſauvé, du Pouſſin, *grav. par Rouſſelet.*
La Manne, du Pouſſin, *grav. par G. Chateau.*
L'Arche du Seigneur dans le Temple de Dagon, du Pouſſin, *grav.
par Picart le Romain.*
David, du Dominiquain, *grav. par Rouſſelet.*
La S.te famille, de Raphaël, *grav. par G. Edelinck.*
La S.te famille, du vieux Palme, *grav. par Picart le Romain.*
Jeſus dormant, du Carrache, *grav. par Picart le Romain.*
Les Aveugles de Jéricho, du Pouſſin, *grav. par G. Chateau.*
Le Denier de Céſar, du Valentin, *grav. par Eſtienne Baudet.*
La Transfiguration, de Raphaël d'Urbin, *grav. par Simon Thomaſſin,*
en 2. planches.
Jeſus-Chriſt deſcendu de la Croix, &c. du Titien, *grav. par Rouſſelet.*
Jeſus-Chriſt & les Diſciples d'Emaüs, du Titien, *grav. par Ant. Maſſon.*
Martyre de S.t Eſtienne, du Carrache, *grav. par Chateau.*
Martyre de S.t Eſtienne, du Carrache, *grav. par Baudet.*
Séparation de S.t Pierre & de S.t Paul, de Lanfranc, *grav. par Eſtienne
Picart le Romain.*
S.t Paul au troiſieme Ciel, du Pouſſin, *grav. par Chateau.*
L'Aſſomption de la S.te Vierge, du Carrache, *grav. par Chateau.*
S.t Mathieu, du Valentin, *grav. par Rouſſelet.*
S.t Marc, du Valentin, *grav. par Rouſſelet.*
S.t Luc, du Valentin, *grav. par Rouſſelet.*
S.t Jean, du Valentin, *grav. par Rouſſelet.*
S.te Catherine, d'Alex. Veroneze, *grav. par G. Scotin.*
S.te Catherine, du Corrége, *grav. par Picart le Romain.*
S.te Cécile, du Dominiquain, *grav. par Picart le Romain.*

A

S.ᵗ François, du Guide, *grav. par Rousselet.*
S.ᵗ Antoine de Padoüe, de Vandeck, *grav. par Rousselet.*
Hercule tuant l'Hydre, du Guide, *grav. par Rousselet.*
Combat d'Hercule & d'Achéloüs, du Guide, *grav. par Rousselet.*
Enlevement de Déjanire, du Guide, *grav. par Rousselet.*
Hercule sur le bucher, du Guide, *grav. par Rousselet.*
Enée & Anchise, du Dominiquain, *grav. par G. Audran.*
Pyrrhus à la mamelle, du Poussin, *grav. par G. Chateau.*
La vertu héroïque, du Corrége, *grav. par Picart le Romain.*
L'Homme sensuel, du Corrége, *grav. par Picart le Romain.*
Concert de Musique, du Dominiquain, *grav. par Picart le Romain.*

TABLEAUX DU ROY,

Représentant cinq sujets de l'Histoire
d'Alexandre le Grand.

SUJETS

Passage du Granique, *gravé d'après M. Le Brun, par Gerard Audran,* en 3. planches.
La Bataille d'Arbelles, *grav. d'après M. Le Brun, par Gerard Audran,* en 4. planches.
La famille de Darius, *grav. d'après M. Le Brun, par Edelinck,* en 2. planches.
Deffaite de Porus, *grav. d'après M. Le Brun, par Gerard Audran,* en 4. planches.
Triomphe d'Alexandre, *grav. d'après M. Le Brun, par Gerard Audran,* en 2. planches.

MEDAILLONS ANTIQUES
DU
CABINET DU ROY.

Ces Medaillons, dont la suite commence à Auguste & finit aux enfans de Constantin, sont disposez sur 41. planches, tirées sur autant de demi-feuilles, numérotées 1. 2. &c. *par de la Boissiere.*

PLANS,
ELEVATIONS ET VÛES
DES
CHASTEAUX DU LOUVRE
ET DES TUILERIES.

SUJETS.

PLAN général du Château du Louvre & du Palais des Tuileries, *grav. par Berain*, en 2. planches.

Repréſentation des machines, qui ont élevé les deux grandes Pierres, qui couvrent le Fronton du Louvre, *grav. en 1677. par S. Le Clerc.*

Face principale du Louvre, *grav. par J. Marot.*

Plan & élevation de la façade du Louvre, du côté qui regarde la Riviere, *grav. par J. Marot.*

Plan & élevation du côté du Louvre, vers la Riviere, vû de la Cour à gauche, *grav. par J. Marot.*

Plan général du Palais des Tuileries, *grav. par Iſraël Sylveſtre*, en 2. planches.

Vûë du Palais des Tuileries, du côté de l'entrée, avec le plan du premier étage, *grav. par Iſraël Sylveſtre*, en 2. planches.

Vûë du Palais des Tuileries, du coſté du Jardin, *grav. par Iſraël Sylveſtre*, en 2. planches.

Plan du Jardin du Palais des Tuileries, *grav. par Iſraël Sylveſtre.*

Vûë du Palais & des Jardins des Tuileries, *grav. par Iſraël Sylveſtre.*

Vûë des Jardins du Palais des Tuileries, du côté du Cours la Reine, *grav. par Iſraël Sylveſtre.*

Ornemens de Peinture & de Sculpture, qui ſont dans la Galerie d'Apollon, au Château du Louvre, & dans le grand Appartement du Roy, au Palais des Tuileries, *deſſ. & grav. par les S.rs Berain, Chauveau, & Le Moine, N.º 1. grav. par J. B. Scotin.*

Grand Trumeau de la Galerie d'Apollon, N.º 2. *deſſ. & grav. par J. Berain.*

Grand Trumeau, N.º 3. *deſſ. & grav. par J. Berain.*

Petits Trumeaux, N.º 4. *deſſ. & grav. par J. Berain.*

Petits Trumeaux, N.º 5. *deſſ. & grav. par J. Berain.*

Petits Trumeaux, N.º 6. *deſſ. & grav. par J. Berain.*

Platfonds de ladite Galerie, N.º 7. *deſſ. & grav. par J. Berain.*

Platfonds, N.º 8. *deſſ. & grav. par J. Berain.*

Platfonds, N.º 9. *deſſ. & grav. par J. Berain.*

A ij

Platfonds, N.º 10. *deſſ. & grav. par J. Berain.*
Platfonds, N.º 11. *deſſ. & grav. par J. Berain.*
Platfonds, N.º 12. *deſſ. & grav. par J. Berain.*
Porte, dans le grand Appartement des Tuileries, N.º 13. *deſſ. & grav. par Franç. Chauveau.*
Porte, dans le même Appartement, N.º 14. *deſſ. & grav. par Franç. Chauveau.*
Porte, dans le même Appartement, N.º 15. *deſſ. & grav. par Franç. Chauveau.*
Porte, dans le même Appartement, N.º 16. *deſſ. & grav. par Franç. Chauveau.*
Porte, dans le même Appartement, N.º 17. *deſſ. & grav. par Franç. Chauveau.*
Autre Porte, N.º 18. *deſſ. & grav. par Franç. Chauveau.*
Autre Porte, N.º 19. *deſſ. & grav. par Franç. Chauveau.*
Autre Porte, N.º 20. *deſſ. & grav. par Franç. Chauveau.*
Autre Porte, N.º 21. *deſſ. & grav. par Franç. Chauveau.*
Deſſus de Porte dudit Appartement, N.º 22. *deſſ. & grav. par Franç. Chauveau.*
Autre deſſus de Porte, N.º 23. *deſſ. & grav. par Franç. Chauveau.*
Autre deſſus de Porte, N.º 24. *deſſ. & grav. par Franç. Chauveau.*
Autre deſſus de Porte, N.º 25. *deſſ. & grav. par Franç. Chauveau.*
Lambris dudit Appartement, N.º 26. *deſſ. & grav. par Le Moine.*
Lambris dudit Appartement, N.º 27. *deſſ. & grav. par Le Moine.*
Lambris dudit Appartement, N.º 28. *deſſ. & grav. par Le Moine.*
Lambris dudit Appartement, N.º 29. *deſſ. & grav. par Le Moine.*

PLANS,
ELEVATIONS ET VÛES
DU
CHASTEAU DE VERSAILLES.
SUJETS.

PLAN du Château de Verſailles, ſans titre, *levé & grav. par F. de la Pointe*
Autre Plan du Château de Verſailles, *grav. par* . . .
Plan du Château de Verſailles, avec tous ſes appartemens, *grav. par Iſraël Sylveſtre.*
Vûë & perſpective du Château de Verſailles, du côté de l'entrée, *grav. par Iſraël Sylveſtre.*

Vûë & perfpective du Château de Verfailles, de dedans l'Anti-cour, *grav. par Ifraël Sylveftre.*

Vûë & perfpective du Château de Verfailles, du côté de l'Orangerie, *grav. par Ifraël Sylveftre.*

Plan de la Maifon Royale de Verfailles, *grav. par Ifraël Sylveftre.*

Château Royal de Verfailles, vû du milieu de la grande avenuë, *grav. par Ifraël Sylveftre.*

Château Royal de Verfailles, vû de l'Avant-Cour, *deff. & grav. par Ifraël Sylveftre.*

Château de Verfailles, vû de l'Avant-Cour, *deff. & grav. par Ifraël Sylveftre.*

Vûë du Château de Verfailles, du côté du Jardin, *deff. & grav. par Ifraël Sylveftre.*

Vûë du Château, des Jardins, & de la Ville de Verfailles, du côté de l'Etang, *deff. & grav. par Ifraël Sylveftre.*

Vûë du Château de Verfailles, du côté de l'Allée d'Eau, *deff. & grav. par Ifraël Sylveftre.*

Plan general du Château & du petit Parc de Verfailles, *deff. & grav. par Ifraël Sylveftre.*

Vûë du Château de Verfailles & des deux aifles, du côté des Jardins, *deff. & grav. par Ifraël Sylveftre.*

Château de Verfailles, vû de la grande Place, *deff. & grav. par Ifraël Sylveftre.*

E'lévation de la face de l'Orangerie de Verfailles, *grav. fur les deffeins de Julien Hardoüin Manfart, par J. B. Nolin,* en 2. planches.

E'lévation d'une des Faces des côtez des E'curies du Roy, fur les Avenuës de Verfailles, *grav. d'après le deffein de M. Manfart, par P. Le Pautre,* en 2. planches.

{
Le grand Efcalier de Verfailles, *grav. d'après M. Le Brun, par Eftienne Baudet,* en fept planches, y compris le *Titre.*

L'Afie.

L'Europe.

L'Afrique.

L'Amérique.

Le milieu, où l'on voit un Globe chargé de trois fleurs de Lys.

Le Trépied d'Apollon.
}

La Franche-Comté, *grav. d'après M. Le Brun, par Char. Simonneau.*

Tableaux de la voûte de la Gallerie du petit Appartement du Roy à Verfailles, peints par P. Mignart, *deff. & grav. par Gerard Audran;* dont le premier eft Apollon, qui diftribuë des récompenfes aux Sciences & aux Arts, &c. Le fecond, la Prévoyance & le Secret, avec leurs fymboles. Le troifieme, la Vigilance avec fes fymboles, &c.

GROTTE,
LABYRINTHE,
FONTAINES ET BASSINS
DE VERSAILLES.

GROTTE.

PLAN de la Grotte de Versailles, N.° 1. *grav. par* . . .
Vûë de la face extérieure, N.° 2. *grav. par Le Pautre.*
Le Soleil qui se couche, N.° 3. *grav. par Le Pautre.*
Troupe de Tritons, &c. N.° 4. *grav. d'après G. Vanopstal de Bruxelles,*
par Le Pautre.
Petits Amours qui se joüent, N.° 5. *grav. d'après le même, par le même.*
Petits Amours qui se joüent, N.° 6. *grav. d'après le même, par le même.*
Vûë du fond de la Grotte, N.° 7. *grav. par Le Pautre.*
Pillier, orné de coquillages, N.° 8. *grav. par Le Pautre.*
Pillier, orné de coquillages, N.° 9. *grav. par Le Pautre.*
Demi Pillier, orné de même, N.° 10. *grav. par Le Pautre.*
Pillier, orné de coquillages, N.° 11. *grav. par Le Pautre.*
Pillier, orné de coquillages, N.° 12. *grav. par Le Pautre.*
Demi Pillier, orné de même, N.° 13. *grav. par Le Pautre.*
Chandelier de coquillages, N.° 14. *grav. par F. Chauveau.*
Masques de coquillages, N.° 15. *grav. par F. Chauveau.*
Le Soleil descend chez Thetis, N.° 16. *grav. par J. Edelinck.*
Groupe de deux Chevaux du Soleil, N.° 17. *grav. par Picart le Romain.*
Groupe de deux Chevaux du Soleil, N.° 18. *grav. par Estienne Baudet.*
Statuë d'Acis, N.° 19. *par Baptiste Tubi Romain, dess. par H. Watele,*
& grav. par J. Edelinck.
Statuë de Galatée, N.° 20. *par Baptiste Tubi Romain, dess. par H.*
Watele, & grav. par J. Edelinck.

LABYRINTHE
grav. en 41. planches, par Sebastien Le Clerc.

Premiere demi-feuille du Labyrinthe, contenant depuis le N.° 1.
jusques & compris N.° 9.
Seconde demi-feuille, N.° 10. jusques & compris N.° 18.
Troisieme demi-feuille, N.° 19. jusques & compris N.° 27.
Quatrieme demi-feuille, N.° 28. jusques & compris N.° 36.
Cinquiéme demi-feuille, N.° 37. jusques & compris N.° 41.

FONTAINES.

Encelade, pouffant un Jet d'eau, *grav. d'après Gafpard de Marcy de Cambray*, *par Le Pautre.*

Latone entre Apollon & Diane, *grav. d'après le même*, *par Le Pautre.*

Fontaine de Flore, *grav.* . . .

Marais artificiel, *grav. par Ifraël Sylveftre.*

Vûë des trois Fontaines, *deff. & grav. par Ifraël Sylveftre.*

Fontaine de la Renommée, *deff. & grav. par Ifraël Sylveftre.*

Fontaine d'Apollon, *deff. & grav. par Loüis Châtillon.*

Fontaine des Bains d'Apollon, *deff. par J. Cottel*, *& grav. par L. Simonneau.*

Vûë principale du Théatre d'eau, *peint par J. Cottel*, *& grav. par L. Simonneau.*

Le Théatre d'eau, *deff. & grav. par Ifraël Sylveftre.*

Enfant, Génie de la puiffance Royale, *deff. & grav. d'après Pierre Le Gros, de Chartres, par Le Pautre.*

Génie de la Valeur, *deff. & grav. d'après Martin des Jardins, de Breda, par Le Pautre.*

Génie des Richeffes, *deff. & grav. d'après Benoit Maffon, de Richelieu, par Le Pautre.*

Un Amour, pouffant des Fleches d'eau, *deff. & grav. d'après Gafpard de Marcy, de Cambray, par Le Pautre.*

Deux Amours, avec un Griffon qui fait un Jet d'eau, *deff. & grav. d'après Benoit Maffon, de Richelieu, par Le Pautre.*

Deux Amours, avec un Cygne, *Idem, deff. & grav. d'après Baptifte Tubi Romain, par Le Pautre.*

Deux Amours, avec une Ecreviffe, *deff. & grav. d'après J. Houffeau, de Bar-fur-Aube, par Le Pautre.*

Deux Amours, tenant une Lyre, *deff. & grav. d'après Pierre Le Gros, de Chartres, par Le Pautre.*

Un Amour, tirant une Fleche d'eau, *deff. & grav. d'après Loüis Lerambert, de Paris, par Le Pautre.*

Venus élevée fur un Baffin, *grav. par P. Le Pautre.*

La Fontaine de la Syrene, *grav. d'après Gafp. & Barth. de Marcy, de Cambray, par P. Le Pautre.*

BASSINS.

Baffin de 10. pieds en quarré, d'une feule Pierre, *grav. d'après Loüis Lerambert, de Paris, par Le Pautre.*

Baffin, *Idem, grav. d'après Pierre Le Gros, de Chartres, par Le Pautre.*

Baffin, *Idem, grav. d'après le même, par Le Pautre.*

Baffin de 10. pieds de diametre, d'une feule pierre, *grav. d'après Eftienne Le Hongre, de Paris, par Le Pautre.*

Baffin, *Idem, grav. d'après Loüis Lerambert., de Paris, par Le Pautre.*

Baffin, *Idem, grav. d'après P. Le Gros, de Chartres, par Le Pautre.*

Baffin, *Idem, grav. par L. Lerambert.*

STATUES DU ROY,
ANTIQUES ET MODERNES
A VERSAILLES.

Statuës grav. par J. G. Edelinck.

LATONE, entre ses deux enfans , *d'après Balthasar de Marcy, de Cambray.*
Diane , *d'après Martin des Jardins.*
Venus, *d'après Gaspard de Marcy, de Cambray.*
L'Air , *d'après* . . .
La Terre.
Le Printemps.
L'Esté.
L'Automne.
L'Hyver.
Une Fille, en habit de Bergere.

Statuës grav. par G. Audran.
Le point du Jour.
Raviſſement de Proſerpine.
L'Afrique.

Statuës grav. par Le Pautre.

Un Satyre, avec un autre plus petit.
Un autre Satyre.
Satyre, tenant une grappe de Raiſin.
Nymphe, tenant une couronne de Chêne.
Un Faune.
Une Jouëuſe de Tambour.

Statuës grav. par F. Chauveau.

Une Jouëuſe de Tambour.
Une Danſeuſe.

Statuës grav. par Mellan.

Mercure.
Bacchus.
Venus.

Cérés.
Diane.
Flore.
La Muse Thalie.
Un Faune.
Un autre Faune.
Un jeune Homme.
Un Gladiateur.
Figure antique.
Jeune Chasseresse.
Porcie, Femme de Brutus.
Agrippine, sortant du Bain.

Statuës grav. par Baudet.

Minerve.
Pallas.
Silene.
Bacchus.
Autre Bacchus.
Deux Nymphes Hespérides.
Senateur Romain, sortant du Bain.
Autre Senateur Romain.
Jeune Homme, qui se tire une épine du pied.
Autre jeune Homme.
Une Femme.
Une autre Femme.

TERMES, BUSTES,
SPHINX, ET VASES DU ROY,
A VERSAILLES.

Termes grav. d'après Louïs Lerambert, par Le Pautre.

JUPITER & Junon.
Apollon & Daphné.
Mercure & Minerve.
Venus & Adonis.
Diane & Endymion.
Bacchus & Ariane.
Comus & Pan.

A v

Hercule & Omphale.
Persée & Andromede.

Buftes antiques grav. par Mellan.

Une Impératrice.
Un Senateur Romain.
Une Dame Romaine.

Buftes antiques grav. par Baudet.

Le Dieu Mars.
Minerve.
Cérés.
Un Faune.
Alexandre le Grand.
Ariftote.
Socrate.
Ifocrate.
Dame Grecque.
Un Conful Romain.
Jeune Cleopatre.
Jeune Cleopatre, femme de Juba.
Marcella, femme d'Agrippa
Livia, femme de Drufus, fils de Tibere.
Lucius Cefar, fils d'Agrippa & de Julie.
L'Empereur Trajan.
L'Empereur Hadrien.
Dame Romaine, du temps d'Hadrien.
Annius Verus, fils de Marc Aurele.
L'Empereur Septime Severe.
Autre Bufte de l'Empereur Septime Severe.
Le jeune Geta.
Geta, frere de Caracalle.
Clodius Albinus.
Julia Domna, femme de l'Empereur Septime Severe.
Dame Romaine, du temps d'Alexandre Severe.
Julia Sœmias, mere d'Eliogabale.
Bufte antique.
Autre Bufte antique.
Autre Bufte antique.
Autre Bufte antique.

Sphinx deff. & grav. d'après Loüis Lerambert, par Le Pautre.

Une Sphinx.
Une autre Sphinx.

Vases grav. par Le Pautre.

Vase de Bronze, de 2. pieds 6. pouces.
Autre Vase, de même.
Autre Vase, de même.
Autre Vase, de même.
Autre Vase, de même.
Autre Vase, de même.

TAPISSERIES DU ROY,

Grav. d'après M. Le Brun, par Sebastien Le Clerc.

SUJETS.

FRONTISPICE, commun aux quatre Elémens & aux quatre Saisons de l'année, *invent. par J. Bailly & grav. par Sebastien Le Clerc.*
Frontispice particulier aux quatre Elémens, *invent. par J. Bailly & grav. par Seb. Le Clerc.*
L'Elément du Feu.
L'Elément de l'Air.
L'Elément de la Terre.
L'Elément de l'Eau.
Frontispice particulier aux Devises des quatre Elémens.
Premiere & seconde Devises de l'Elément du Feu.
Troisieme & quatrieme Devises de l'Elément du Feu.
Premiere & seconde Devises de l'Elément de l'Air.
Troisieme & quatrieme Devises de l'Elément de l'Air.
Premiere & seconde Devises de l'Elément de la Terre.
Troisieme & quatrieme Devises de l'Elément de la Terre.
Premiere & seconde Devises de l'Elément de l'Eau.
Troisieme & quatrieme Devises de l'Elément de l'Eau.
Frontispice particulier aux quatre Saisons de l'année.
La Saison du Printemps.
La Saison de l'Esté.
La Saison de l'Automne.
La Saison de l'Hyver.
Premiere & seconde Devises de la Saison du Printemps.
Troisieme & quatrieme Devises de la Saison du Printemps.
Premiere & seconde Devises de la Saison de l'Esté.
Troisieme & quatrieme Devises de la Saison de l'Esté.

A vj

CARROUSEL,
COURSES DE TESTE
ET DE BAGUE.

LE Bufte de Loüis XIV. avec ce titre au bas, *FESTIVA AD CAPITA ANNULUMQUE DECURSIO, PRINCIPIBUS SUMMISQUE AULÆ PROCERIBUS.* Edita anno 1662. *grav. par Gilles Rouffelet.*

La Marche des Maréchaux de Camp & des cinq Quadrilles, commençant par un titre en cartouche, avec ces mots, *PRÆFECTORUM CASTRORUM,* & au-deffous eft le commencement de la marche, depuis le N.° 1. jufques & compris le N.° 37. commençant par ces mots, *PARS HORTORUM REGIORUM.*

Suite de la Marche, en deux planches tirées fur une même feuïlle; La premiere depuis le N.° 38. jufques & compris le N.° 56. commençant par ces mots, *DUO TUBICINES CASTRORUM PRÆFECTI,* &c. La feconde depuis le N.° 57. jufques & compris le N.° 65. commençant par ces mots, *ARMIGERI DUO.*

Suite de la Marche, en deux planches, tirées comme les précédentes, fur une même feuïlle; La premiere depuis le N.° 66. jufques & compris le N.° 78. commençant par ces mots, *VIGINTI EQUITUM EPHEBI.* La feconde depuis le N.° 79. jufques & compris le N.° 91. commençant auffi par ces mots, *VIGINTI EQUITUM EPHEBI.*

Suite de la Marche, gravée de même en deux planches; La premiere depuis le N.° 92. jufques & compris le N.° 104. commençant par ces mots, *VIGINTI EQUITUM EPHEBI.* La feconde depuis le N.° 105. jufques & compris le N.° 119. & commençant encore par ces mots, *VIGINTI EQUITUM EPHEBI.*

Le Maréchal de Grammont, Maréchal de Camp général, *SUMMUS CASTRORUM PRÆFECTUS GRAMONTIUS.*

ROMAINS. 1.ere *Quadrille.*

Deux Timbaliers Romains, *grav. par F. Chauveau,* avec ces mots au haut de l'Eftampe, *TYMPANOTRIBÆ ROMANI.*

Deux Trompettes Romains, *ROMANI TUBICINES.*

Trois Licteurs avec leurs Faifceaux, *LICTORES ROMANI.*

Cheval de main, conduit par deux Palfreniers, habillez à la Romaine, *EQUUS DUCTITIUS, HIPPOCOMI ROMANI.*

Deux Pages, *EPHEBI ROMANI.*

Un Ayde de Camp, *ROMANUS CASTRORUM SUBPRÆFECTUS.*

Un Marêchal de Camp, *ROMANUS CASTRORUM PRÆFECTUS.*

Le Roy, en Empereur Romain, entre quatre Chevaliers, avec ce mot, *REX.*

Onze Devifes pour la Quadrille des Romains ; La premiere qui eft celle du Roy, eft un Soleil, avec ces mots, *UT VIDI, VICI:* & la onziéme, qui eft celle du Comte de Duras, a cès mots pour ame, *DE TUOI SGUARDI MIO ARDORE.*

PERSANS. 2.e *Quadrille.*

Timbalier & Trompette Perfans, avec ces mots au haut de l'Eftampe, *TYMPANISTES ET TUBICEN PERSÆ.*

Deux Eftafiers & deux Palfreniers Perfans, *STIPATORES, EQUUS DUCTITIUS, AGASONES PERSÆ.*

Ecuyer & Page Perfans, *ARMIGER ET EPHEBUS PERSÆ.*

Marêchal de Camp Perfan, *CASTRORUM PRÆFECTUS PERSA.*

MONSIEUR, Empereur des Perfes, *DUX AURELIANENSIS, PERSARUM REX.*

Onze Devifes pour la Quadrille des Perfans; La premiere, *UNO SOLE MINOR,* eft celle de Monfieur ; & la derniere, qui eft celle du Comte d'Illiers, a pour ame, *POCO DURI PURCHE MINATZI.*

TURCS. 3.^e *Quadrille.*

Timbalier & Trompette Turcs, avec ces mots au haut de l'Eftampe, *TYMPANI PULSATOR, TUBICENQUE TURCÆ.*

Deux Eftafiers & Palfreniers Turcs, *STIPATORES, EQUUS DUCTITIUS, EQUISONES TURCÆ.*

Ecuyer & Page Turcs, *ARMIGER ET EPHEBUS TURCÆ.*

A vij

Marêchal de Camp Turc, *CASTRORUM PRÆFECTUS TURCA.*

Le Prince de Condé, Empereur des Turcs, *CONDÆUS PRINCEPS, TURCARUM IMPERATOR.*

Onze Devifes pour la Quadrille des Turcs; La première, *CRESCIT UT ASPICITUR*, eft celle du Prince de Condé ; & la derniere, qui eft celle du Duc de Luxembourg , a ces mots pour ame, *MAGNA MAJOR FAMA.*

INDIENS. 4.e *Quadrille.*

Timbalier & Trompette Indiens , avec ces mots au haut de l'Eftampe, *TYMPANISTES ET TUBICEN INDI.*

Deux Eftafiers & Palfreniers Indiens, *STIPATORES, DUCTUS AD POMPAM EQUUS, HIPPOCOMI INDI.*

Ecuyer & Page Indiens, *ARMIGER ET EPHEBUS INDI.*

Marêchal de Camp Indien, *CASTRORUM PRÆFECTUS INDUS.*

Le Duc d'Enguien , Roy des Indes, *ANGUIENUS DUX, INDORUM REX.*

Onze Devifes pour la Quadrille des Indiens; La premiere, qui eft celle du Duc d'Enguien, a pour ame ces mots, *MAGNO DE LUMINE LUMEN ;* & la derniere, qui eft celle du Marquis de Ouailly, a ceux-cy, *RESPICE, FOVEBO.*

AMERICAINS. 5.^e *Quadrille.*

Timbalier & Trompette Americains, avec ces mots au haut de l'Eftampe, *TYMPANISTES, TUBICEN AMERICANI.*

Deux Maures portants des Singes & menants des Ours, *MAURI SIMIOS PORTANTES, URSOS DUCENTES.*

Deux Eftafiers & Palfreniers Americains, *STIPATORES, EQUUS DUCTITIUS, AGASONES AMERICANI.*

Ecuyer & Page Américains, *ARMIGER, EPHEBUS AMERICANI.*

Marêchal de Camp Américain , *CASTRORUM PRÆFECTUS AMERICANUS.*

M.^r le Duc de Guife , Roy des Américains, *AMERICANORUM REX, GUISIUS.*

Onze Devifes pour la Quadrille des Américains, dont la premiere, *ALTIORA PRÆSUMO*, eft celle du Duc de Guife ; & la derniere, qui eft celle du Marquis de Beuvron, a ces mots pour ame, *ÆQUABO, SI FAVEAS.*

Comparſe des cinq Quadrilles dans l'Amphithéatre, *QUINQUE TURMARUM IN AMPHITHEATRO POMPA EXHIBITA.*
Courſe de Teſte dans l'Amphithéatre, *DECURSIO AD CAPITA.*
Courſe de Bague, *DECURSIO AD ANNULUM.*

FESTES DE VERSAILLES.

SUJETS.

LEs plaiſirs de l'Iſle enchantée, N.º 1. *grav. par Iſraël Sylveſtre.*
Premiere journée, Marche du Roy, &c. N.º 2. *grav. par Iſraël Sylveſtre.*
Premiere journée, Comparſe du Roy, N.º 3. *grav. par Iſraël Sylveſtre.*
Premiere journée, Courſe de bague, N.º 4. *grav. par Iſraël Sylveſtre.*
Premiere journée, Comparſe des quatre Saiſons, N.º 5. *grav. par Iſraël Sylveſtre.*
Premiere journée, Feſtin du Roy, &c. N.º 6. *grav. par Iſraël Sylveſtre.*
Seconde journée, Théatre, &c. N.º 7. *grav. par Iſraël Sylveſtre.*
Troiſieme journée, Théatre dreſſé, &c. N.º 8. *grav. par Iſraël Sylveſtre.*
Troiſieme journée, Rupture du Palais, &c. N.º 9. *grav. par Iſraël Sylveſtre.*
Premiere journée, Alceſte Tragédie, *grav. par Le Pautre.*
Seconde journée, Concert de Muſique, *grav. par F. Chauveau.*
Troiſieme journée, le Malade imaginaire, *grav. par Le Pautre.*
Quatrieme journée, Feſtin dont la table étoit dreſſée autour de la Fontaine, &c. *grav. par Le Pautre.*
Cinquieme journée, Feu d'artifice, *grav. par Le Pautre.*
Sixieme journée, Illuminations, *grav. par Le Pautre.*
Colation dans le petit Parc, N.º I. *grav. par Le Pautre.*
Les Fêtes de l'Amour & de Bacchus, N.º II. *grav. par Le Pautre.*
Feſtin dans le petit Parc, N.º III. *grav. par Le Pautre.*
La Salle du Bal. N.º IV. *grav. par Le Pautre.*
Illuminations du Palais, &c. N. V. *grav. par Le Pautre.*

PLANS, ELEVATIONS,

VÛES, COUPES, ET PROFILS

DE

L'HOSTEL ROYAL DES INVALIDES.

SUJETS.

DE'PART du Roy, qui ordonne l'exécution du Plan de l'Hôtel Royal des Invalides, *grav. par*

Plan général des fondations, &c. *grav. par J. Marot.*

Plan général du retz de chauffée, &c. *grav. par J. Marot.*

Plan général du premier étage, au-deſſus du retz de chauffée de tous les bâtimens, &c. *grav. par le même.*

Plan général du ſecond étage, &c. *grav. par le même.*

Plan du troiſieme étage, &c. *grav. par le même.*

Plan du quatrieme étage, &c. *grav. par le même.*

Vûë & perſpective de l'élévation générale, &c. *grav. par J. Le Pautre*, en 2. planches.

Plan général & géométral, fait à vûë d'oyſeau, de tous les bâtimens, &c. *grav. par D. Marot.*

Vûë & perſpective de l'élévation générale, &c. *grav. par D. Marot.*

Vûë & perſpective de l'élévation générale, *grav. par P. Le Pautre.*

Elévation de la principale entrée, &c. *grav. par J. Marot.*

Elévation de la façade du derriere, &c. *grav. par J. Marot.*

Elévation d'une face priſe, du côté de Paris, *grav. par J. Marot.*

Profil & élévation de la coupe générale dudit Hôtel & de ſes deux Egliſes, *grav. par J. Marot.*

Profil & élévation d'une autre coupe, &c. *grav. par J Marot.*

Profil & élévation d'une autre coupe, &c. *grav. par J. Marot.*

Profil & élévation d'une autre coupe, &c. *grav. par J. Marot.*

Profil & élévation d'une autre coupe, &c. *grav. par J. Marot.*

Coupe ou vûë intérieure & perſpective de la magnifique Egliſe, &c. *deſſ. par F. S. de La Monce, & grav. par G. Scotin.*

Plan général de la magnifique Egliſe, &c. *deſſ. par de La Monce & grav. par Scotin l'aîné.*

Plan & élévation en perſpective de l'un des quatre Refectoires, &c. *grav. par J. Le Pautre.*

AUTRES PLANS,
PROFILS, ELEVATIONS, ET VÛES
DE
DIFFERENTES MAISONS ROYALES.

SUJETS.

PLAN général du Palais Royal, *grav. par La Boiſſiere.*
Vûë du Palais Royal, *deſſ. & grav. par La Boiſſiere.*
Plan général du Château & petit Parc de Vincennes, *grav. par Iſraël Sylveſtre.*
Deſſein du Portail de Vincennes, &c. *grav. d'après Le Sieur Le Vau par J. Marot.*
Vûë & perſpective du Château de Vincennes, *deſſ. & grav. par P. Briſſart.*
Plan du Château de Madrid, &c. *grav. par J. Marot.*
Elévation du Château de Madrid, *grav. par J. Marot.*
Plan général des Châteaux de Saint Germain en Laye, *grav. par* . . . . .
Plan du Château neuf de Saint Germain en Laye, *deſſ. & grav. par Iſraël Sylveſtre.*
Vûë du Château neuf de Saint Germain en Laye, *grav. par Iſraël Sylveſtre.*
Plan général du Château de Fontainebleau, & des environs, *deſſ. & grav. par Dorbay.*
Plan du Château de Fontainebleau, au retz de chauſſée, *deſſ. & grav. par Dorbay.*
Vûë de la Cour du Cheval-blanc de Fontainebleau, *deſſ. & grav. par Iſraël Sylveſtre.*
Vûë du Château de Fontainebleau, du côté du Jardin, *deſſ. & grav. par Iſraël Sylveſtre, en 2. planches.*
Vûë du Château de Fontainebleau, du côté des Jardins, *grav. par Iſraël Sylveſtre.*
Vûë de l'Étang de Fontainebleau, *deſſ. & grav. par Iſraël Sylveſtre.*
Vûë du Château de Fontainebleau, du côté de l'Orangerie, *deſſ. & grav. par Iſraël Sylveſtre.*
Vûë du Château de Fontainebleau, du côté du grand Canal, *deſſ. & grav. par Iſraël Sylveſtre.*
Plan relevé du Château, Jardin, & Parc de Monceaux, *grav. par Iſraël Sylveſtre.*
Vûë du Château de Monceaux, *deſſ. & grav. par Iſraël Sylveſtre.*
Vûë du Château de Monceaux, du côté du Parc, *deſſ. & grav. par Iſraël Sylveſtre.*

Vûë du Château de Chambor, du côté de l'entrée, *deſſ. & grav. par Iſraël Sylveſtre.*

Vûë du Château de Chambor, du côté du Parc, *deſſ. & grav. par Iſraël Sylveſtre,* en 2. planches.

Plan du Château de Blois, *deſſ. & grav. par Dorbay.*

Vûë du Château de Blois, *grav. par Iſraël Sylveſtre,* en 2. planches.

Plan du Château de Compiegne, *deſſ. & grav. par Dorbay.*

DESSEINS, PROFILS,
ET VÛES
DE QUELQUES LIEUX DE REMARQUES,
AVEC DIVERS PLANS DETACHEZ,
DE VILLES, CITADELLES,
ET CHASTEAUX.
Grav. par Sylveſtre, Le Pautre, & Audran.

SUJETS.

LE Dôme de Seaux, *grav. d'après J. Le Brun, par Gerard Audran,* en 5. planches.

Vûë du College des Quatre-Nations, *deſſ. & grav. par Iſraël Sylveſtre.*

Plan de la place de Vendôme, *grav. par . . . .*

Vûë du Château de Marimont, du côté du Jardin, *deſſ. & grav. par Iſraël Sylveſtre.*

Vûë du Château de Jametz, *deſſ. & grav. par Iſraël Sylveſtre.*

Profil de la Ville de Metz, du côté de la porte Mazel, *deſſ. & grav. par Iſraël Sylveſtre,* en 2. planches.

Vûë & perſpective de la Ville & Citadelle de Verdun, *deſſ. & grav. par Sylveſtre,* en 2. planches.

Vûë de la Ville & Château de Sedan, *deſſ. & grav. par Sylveſtre,* en 3. planches.

Vûë & perſpective de Montmedy, *deſſ. & grav. par Sylveſtre,* en 2. planches.

Profil de la Ville & Citadelle de Stenay en Lorraine, *grav. par Iſraël Sylveſtre,* en 2. planches.

Profil de la Ville & Foreteſſe de Marſal, *deſſ. & grav. par Iſraël Sylveſtre,* en 2. planches.

Plan & profil de la Ville & du Château de Namur, *grav. par Le Pautre,*

Plan & profil de la Ville & du Château de Namur, où ſont marquez les Ouvrages qui y ont été ajoûtez, depuis la prife de cette Place, par le Roy, en 1692. *grav. par Le Pautre*, en 3. planches.

Plan de la Ville de Rofes, avec les attaques en 1693. *grav. par Le Pautre*, en 3. planches.

Plan & profil de la Ville de Charleroy, *grav. par Le Pautre*, en 3. planches.

PLANS ET PROFILS,

APPELLEZ COMMUNEMENT

LES PETITES CONQUESTES,

SERVANT

A L'HISTOIRE DE LOUIS XIV.

Grav. par S. Le Clerc & autres.

SUJETS.

ARc de Triomphe de Loüis XIV. à la porte St Antoine, *grav. par S. Le Clerc.*

Orfoy, *grav. d'après le deff. de S. Le Clerc, par Loüis Châtillon.*

Burick, *grav. par Loüis Châtillon.*

Rinberg, *grav. par Loüis Châtillon.*

Réez, *grav. par Le Clerc.*

Emmerick, *grav. par* . . . .

Le paffage du Rhin, *grav. par Dolivart.*

Le Fort de Schenck, *grav. par Le Clerc.*

Doefbourg, *grav. par Loüis Châtillon.*

Utrecht, *grav. par Loüis Châtillon.*

Nimegue, *grav. par Le Clerc.*

Prife de l'ouvrage à corne de Maftrick, *grav. par Loüis Châtillon.*

Maftrick, *grav. par Marot.*

Grey, *grav. par Le Clerc.*

Salins, *grav. par Le Clerc.*

Befançon, *grav. par Marot.*

Dole, *grav. par Marot.*

Sortie de la Garnifon de Dole, *grav. par Colin.*

Bataille de Saintzheim, *grav. par Le Clerc.*

Bataille de Seneff, *grav. par Le Clerc.*

Meffine fecouruë, *grav. par Le Clerc.*

Dinant, *grav. par Loüis Châtillon.*

Huy, *grav. par Loüis Châtillon.*
Agoufta, *grav. par Le Clerc.*
Bataille navale près Agoufta, *grav. par Le Clerc.*
Bouchain, *grav. par Le Clerc.*
Bataille de Palerme, *grav. par Le Clerc.*
Aire, *grav. par Loüis Châtillon.*
Lefcalette, *grav. par Le Clerc.*
Valenciennes, *grav. par Jean Dolivart.*
La Bataille de Caffel, *grav. en grand, par Le Clerc.*
Bataille de Caffel, *grav. par Le Clerc.*
Cambray, *grav. par Loüis Châtillon.*
Dehors de la Citadelle de Cambray, *grav. par Loüis Châtillon.*
Saint Omer, *grav. par Loüis Châtillon.*
Fribourg, *grav. par Loüis Châtillon.*
Gand, *grav. par* . . . .
Sortie de la Garnifon de Gand, *grav. par Dolivart.*
Ypres, *grav. par Marot.*
Citadelle d'Ypres, *grav. par Loüis Châtillon.*

VÛES, MARCHES,

ENTRÉES, PASSAGES,

ET AUTRES SUJETS,

SERVANT

A L'HISTOIRE DE LOUIS XIV.

Grav. par Wandermeulen.

SUJETS.

Portrait de F. Wandermeulen, *grav. d'après Largillière, par Wanfchuppen.*
Paffage du Roy fur le Pont-neuf, *grav. par Huchtenburgh,* en 3. planches.
Le Roy dans fa Caleche, accompagné des Dames, *grav. par Baudoins.*
Le Roy à la chaffe du Cerf, avec les Dames, *grav. par Baudoins.*
La Reine allant à Fontainebleau, *grav. par* . . . .
Vûë du Château de Fontainebleau, du côté du Jardin, *grav. par Æ. Baudoins,* en 2. planches.
Vûë du Château de Vincennes, du côté du Parc, *grav. par le même.*
Vûë du Château de l'ancien Verfailles, *grav. par F. Baudoins.*

Vûë du Château de Versailles, du côté de l'Orangerie , *grav. par* Æ. *Baudoins.*

Vûë de Lille, du côté de Fives, *grav. par Baudoins & Van-Huctembwrgh*, en 2. planches.

Vûë de Courtray, du côté du vieux Château, *grav. par Baudoins & Scotin*, en 2. planches.

Arrivée du Roy devant Doüay, *grav. par R. Bonnart.*

Vûë de l'Armée du Roy devant Doüay, *grav. par R. Bonnart & F. Baudoins*, en 2. planches.

Vûë de la Ville & Siege d'Oudenarde, *grav. par* .... en 2. planches.

Vûë de Tournay, *grav. par N. Cochin*, en 2. planches.

La prise de Dole, en 1668. *grav. par Van-Huctenbwrgh & Baudoins*, en 2. planches.

Le Rhin passé à la nage, en 1672. *grav. par Charles Simonneau.*

Arrivée du Roy devant Mastrick , *grav. par R. Bonnart*, en 2. planches

---

VÛES, ENTRÉES,

ET AUTRES SUJETS,

SERVANT

A L'HISTOIRE DE LOUIS XIV.

Grav. par Wandermeulen.

SUJETS.

VÛE de la Ville & Château de Dinant, *grav. par N. Bonnart.*

Valenciennes prise d'assaut, *grav. par R. Bonnart.*

Vûë de la Ville & Citadelle de Cambray, *grav. par F. Ertinger.*

Le Roy attaque la Citadelle de Cambray, *grav. par R. Bonnart.*

L'Armée du Prince d'Orange défaite, *grav. par R. Bonnart.*

Saint Omer, vû du côté du Fort, *grav. par R. Bonnart.*

Vûë de Leuve, *grav. par Ertinger.*

Vûë de la Ville & Fauxbourgs de Salins, *grav. par Baudoins*, en 2. planches.

Vûë de Saint Laurent de la Roche, *grav. par Baudoins.*

Vûë de Saint Laurent de la Roche, du côté du Bourg, *grav. par Baudoins.*

Vûë du Château Sainte-Anne, en y entrant, *grav. par Baudoins.*

Vûë du Château Sainte-Anne, par derriere la montagne, *grav. par Baudoins.*

Vûë du Château de Joux, *grav. par Baudoins.*
Vûë de la Ville de Befançon, *grav. par Baudoins*, en 2. planches.
Vûë de la Ville de Grey, *grav. par Baudoins*, en 2. planches.
Vûë de la Ville & Port de Calais, *grav. par R. Bonnart & Franç. Baudoins*, en 2. planches.
Entrée de la Reine dans Arras, *grav. par R. Bonnart.*
Entrée du Roy dans Dunquerque, *grav. par Hooghe*, en 2. planches.
Vûë de la Ville de Bethune, *grav. par Baudoins*, en 2. planches.
Vûë de la Ville d'Ardres, *grav. par Baudoins.*
Vûë de Luxembourg, *grav. par N. Bonnart.*
Bataille, dédiée au Duc d'Enguien, *grav. par Huchtenburgh.*
Bataille, dédiée au Duc de Chevreufe, *grav. par Huchtenburgh.*

PAYSAGES,

MORCEAUX D'ESTUDES, &c.

Grav. d'après Wandermeulen, ou provenant de fon fonds.

SUJETS.

GRAND Payfage, dédié à M. Le Brun, *grav. par Baudoins.*
Grand Payfage en hauteur, où l'on voit une Chaffe au Cerf, *grav. par Baudoins.*
Grand Payfage en travers, où l'on voit une Chaffe au Cerf, *grav. par Baudoins.*
Payfage, dédié à M. Jabach, *grav. par Baudoins.*
Payfage, où l'on voit un Cavalier, *grav. par Baudoins.*
Payfage, où l'on voit une Chaffe au Loup, *grav. par Baudoins.*
Payfage, où l'on voit des Chaffeurs & une meute de chiens, *grav. par Baudoins.*
Payfage, où l'on voit des Chaffeurs affis, *grav. par Baudoins.*
Payfage, où l'on voit une marche de Troupes, *grav. par Huchtenburgh.*
Payfage, où l'on voit deux Mulets chargez, *grav. par* . . . .
Payfage, où l'on voit un Coche, *grav. par* . . . . .
Deux Payfages, fur la même demi-feuïlle, dédiez à Champagne, *grav. par Baudoins.*
Deux Payfages, *Idem*, dont un reprefente des voyageurs repouffez par le vent, &c. *grav. par* . . . .
Deux Payfages, *Idem*, dont un reprefente des gens qui paffent une Riviere, &c.
Trois Payfages, fur la même demi-feuïlle, *grav. par Baudoins.*

Trois Payfages, *Idem, grav. par Baudoins.*

Quatre petites Batailles, fur la même demi-feuïlle, *grav. par Huchten-burgh.*

Huit petits Payfages ou Siéges, fur la même demi-feuïlle, *grav. par Huchtenburgh.*

Six petits Payfages, fur la même demi-feuïlle, *grav. par Baudoins.*

Huit Siéges de Villes, ovales, *Idem, grav. par Huchtenburgh.*

Dix planches reprefentant des Chevaux, fur cinq demi-feuïlles, *grav. par Huchtenburgh.*

Grand Payfage, où l'on voit un Neptune formant une Fontaine, *invent. & grav. par Genoëls.*

Grand Payfage en hauteur, où l'on voit deux hommes fur une ter-raffe, *invent. par Genoëls & grav. par Baudoins.*

Grand Payfage en hauteur, où l'on voit un homme & une femme fur un Perron, *invent. par Genoëls & grav. par Baudoins.*

Perfpective, où l'on voit Apollon & Diane fur des Piédeftaux, *invent. par Genoëls.*

Perfpective, fur le devant un homme & une femme, affis auprès d'un Canal, *invent. par Genoëls.*

Payfage, où font deux hommes affis, *invent. par Genoëls.*

Payfage, des hommes dans une Barque, *invent. & grav. par Genoëls.*

Six Payfages, deux à deux, fur trois demi-feuïlles, *grav. par Genoëls.*

Six perfpectives, Jardins, &c. fur la même demi-feuïlle, *invent. & grav. par Genoëls.*

Six petits Payfages, *Idem, grav. par Genoëls.*

Six Payfages en rond, *Idem,* 2. *grav. d'après Genoëls.*

Six petits Payfages, *Idem, invent. & grav. par Baudoins.*

Deux planches, *Idem,* dont une reprefente des gens à cheval, l'autre un Village, *grav. par* . . . .

PLANS, PROFILS,
ET VÛES DE CAMPS,
PLACES, SIÈGES, ET BATAILLES,
SERVANT
A L'HISTOIRE DE LOUIS XIV.

Grav. d'après Beaulieu, par F. Colignon,
N. Cochin, & G. Perelle, &c.

SUJETS.

BATAILLE de Rocroy en 1643. en 4. planches.
Plan de Thionville, 1643.
Profil de Thionville, 1643.
Plan de la Ville & Château de Sirck, 1643.
Profil de Sirck, 1643.
Plan de la Ville & Citadelle de Trin, 1643.
Profil de Rotteville, 1643.
Prise de trois Vaisseaux Turcs, 1643.
Plan de Gravelines, 1644.
Profil de Gravelines, 1644.
Combats devant la Ville & Château de Fribourg, 1644. en 2.
planches.
Campagne du Duc d'Enguien, 1644. en 2. planches.
Plan du Fort de Watte, 1644.
Profil de Spire, 1644.
Plan de la Ville de Saint-Ya, 1644.
Profil de la Ville de Worms, 1644.
Profil de la Ville de Mayence, 1644.
Profil de Landau, 1644.
Plan du Siège & reprise d'Aft, 1644.
Plan de la Ville & Mole de Tarragone, 1644.
Profil de Tarragone, 1644.
Plan du Camp de Cesar près d'Arras, 1644.
Profil de Creutznach, 1644.

PLANS, PROFILS,

ET VÛES DE CAMPS,
PLACES, SIEGES, ET BATAILLES,
SERVANT
A L'HISTOIRE DE LOUIS XIV.

Grav. d'après Beaulieu.

SUJETS.

PLAN de la Ville de Roſes, 1645.
Plan de la Bataille de Liorens, 1645.
Plan du Paſſage du Rhin, 1645.
Plan de la Ville de la Motte, 1645.
Profil de la Ville de la Motte, 1645.
Mardick, 1645.
Profil de Mardick, 1645.
Plan de la Ville de Rottenbourg, 1645.
Profil de Rottenbourg, 1645.
Plan du Fort de Linck, 1645.
Ordre de la Bataille de Norlinguen, 1645. en 2. planches.
La Bataille de Norlinguen, 1645. en 2. planches.
Profil de Norlinguen, 1645.
Plan de la Ville de Bourgbourg, 1645.
Profil de Bourgbourg, 1645.
Plan de la Ville de Dinckeſpuhel, 1645.
Plan de la Ville de Montcaſſel, 1645.
Plan de la Ville & Château de Bethune, 1645.
Profil de Bethune, 1645.
Profil de la Ville de Lillers, 1645.
Plan de la Ville de Saint-Venant, 1645.
Profil de la Ville de Saint-Venant, 1645.
Plan de la Ville d'Armentiéres, 1645.
Profil d'Armentiéres, 1645.
Plan de la Ville de Vigevano, 1645.
Plan de Menin, 1645.
Plan de la Ville & Château de Balaguer, 1645.
Profil de Treves, 1645.

PLANS, PROFILS,

ET VÛES DE CAMPS,

PLACES, SIE´GES, ET BATAILLES,

SERVANT

A L'HISTOIRE DE LOUIS XIV.

Grav. d'après Beaulieu, depuis l'année 1646. juſques & compris 1648.

SUJETS.

PLAN de la Ville de Courtray, 1646.
Profil de Courtray, 1646.
Plan de la Ville de Bergue-Saint-Vinox, 1646.
Profil de Bergue-Saint-Vinox, 1646.
Plan du Fort de Mardick, 1646.
Profil du Fort de Mardick, 1646.
Plan de la Ville de Furnes, 1646.
Profil de Furnes, 1646.
Plan du Siége de Dunquerque, 1646.
Profil de Dunquerque, 1646.
Plan de la Ville de Piombine, 1646.
Profil de Piombine, 1646.
Plan de la Fortereſſe de Portolongone, 1646.
Profil de portolongone, 1646.
Profil de la Baſſée, 1647.
Plan de la Ville de Dixmude, 1647.
Profil de la Ville de Dixmude, 1647.
Plan du Combat, donné entre les Villes de Dixmude & Nieuport, 1647.
Plan de la Ville de Lens, 1647.
Profil de Lens, 1647.
Profil de la Ville & Château d'Ager, 1647.
Profil de la Ville de Conſtantin, 1647.
Plan de la Ville d'Ypres, 1648.
Profil d'Ypres, 1648.
Plan de la Ville & Château de Tortoſe, 1648.
Profil de Tortoſe, 1648.
Profil de la Ville de Flix, 1648.
Profil de la Bataille de Lens, 1648.
Seconde Bataille de Lens, 1648. en 2. planches.
Armées rangées en bataille près de Lens, 1648. en 2. planches.
Furnes, repris ſur les Eſpagnols, 1648.

PLANS, PROFILS,

ET VÛES DE CAMPS,

PLACES, SIÈGES, ET BATAILLES,

SERVANT

A L'HISTOIRE DE LOUIS XIV.

Grav. d'après Beaulieu, depuis l'année
1650. jufques & compris 1659.

SUJETS.

LA Bataille de Rethel, 1650.
Profil de Rethel, 1650.
Profil de la Ville de Moufon, 1650.
Plan de la Ville & Citadelle de Stenay, 1654.
Profil de Stenay, 1654.
Plan du Siége d'Arras, 1654.
Plan du Camp des Armées du Roy, pour le fecours d'Arras, 1654.
Plan des Attaques à la Corne de Guiche d'Arras, 1654.
Profil d'Arras, 1654.
Profil de la Ville du Quefnoy, 1654.
Profil de la Ville de Clermont en Barrois, 1654.
Profil de la Ville de Landrecy, 1654.
Plan de la Ville du Cap de Quiers, 1655.
Profil de la Ville du Cap de Quiers, 1655.
Plan de la Ville & du Château de Valence, 1656.
Profil de la Capelle, 1656.
Plan de la Ville de Montmedy, 1657.
Profil de Montmedy, 1657.
Bataille des Dunes, 1658.
Plan de la Ville & Port de Dunquerque, 1658.
Profil de la Ville de Commines, 1658.
Carte du Gouvernement de Calais, 1658.
Plan de la Ville de Mortare, 1658.
Plan de l'Ifle de la Conférence, 1659.
⎰ L'Ifle de la Conférence, 1659. ⎱ en 2. planches.
⎱ Profil de Fontarabie, 1659. ⎰
Plan de l'Ifle des Faifans, 1659.
Profil & vûë de l'Ifle de la Conférence, 1659. en 2. planches.

PLANS, PROFILS,
ET VÛES DE CAMPS,
PLACES, SIEGES, ET BATAILLES,
SERVANT
A L'HISTOIRE DE LOUIS XIV.

*Grav. d'après Beaulieu, depuis l'année
1662. jufques & compris 1697.*

SUJETS.

PLAN des Villes de Vic, Moyenvic, & Marfal, 1662.
 Profil de Moyenvic, 1662.
Profil de Marfal, 1662.
Plan de l'Ifle de Candie, 1668.
Profil de la Ville de Candie, 1668.
Plan de la Ville & des Attaques de Maftrick, 1673.
Bataille de Saintzheim, 1674.
Bataille d'Ensheim, 1674.
Profil de la Ville de Condé, 1676.
Profil de la Ville d'Aire, 1676.
Plan de la Bataille de Caffel, 1677.
Profil de la Ville de Saint Omer, 1677.
Attaques de la Ville de Génes, 1684.
Plan de la Ville de Tripoli, 1685.
Plan du Siége de Philifbourg, 1688.
Profil de Philifbourg, 1688.
Plan de la Ville de Mons, 1691.
Profil de la Ville de Liége, 1691.
Plan de la Ville & Citadelle de Namur, 1692.
Profil de la Ville de Rofes, 1693.
Plan de la Ville de Charleroy, 1693.
La Bataille du Ter, 1694. en 2. planches.
Plan de la Ville & Citadelle de Palamos, 1694.
Profil de la Ville de Girone, 1694.
Plan du Siége d'Ath, 1697.
Plan de la Ville de Barcelone, 1697. en 4. planches.
Profil de Barcelone, 1697.

FIN.